Pandora Lobo Estepario Productions™

De Monstruos y Cíborgs

DE MONSTRUOS Y CÍBORGS

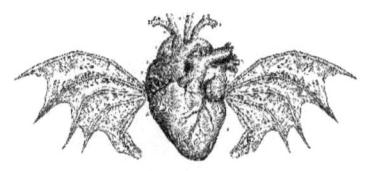

Margarita Saona

De Monstruos y Cíborgs

De Monstruos y Cíborgs

Copyright © 2023 Margarita Saona

© 2023, Margarita Saona

© 2023, Intermezzo Tropical

© 2024 Pandora Lobo Estepario Productions

PRIMERA EDICIÓN
Intermezzo Tropical, marzo 2023

SEGUNDA EDICION
Pandora Lobo Estepario Productions™
Febrero 2024
www.pandoraloboesteparioproductions.com

DISEÑO DE PORTADA:
Roni Heredia

Dibujos
Ana Gore

ISBN: 978-1-940856-47-6

Se permite la reproducción parcial de esta obra siempre que se cite la fuente.

Pandora Lobo Estepario Productions™

All rights reserved.

Library of Congress Control Number: 2024930897

De Monstruos y Cíborgs

Pandora Lobo Estepario Productions™

De Monstruos y Cíborgs

Margarita Saona

De Monstruos y Cíborgs

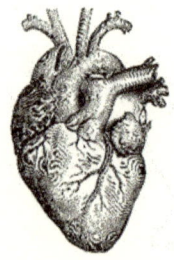

Hace ya un tiempo que soy un monstruo, condición a la que accedí voluntariamente. Bueno, *voluntariamente* es un decir, ya que la alternativa era dejarme morir. Christiaan Barnard, que llegó al estrellato con el primer trasplante de corazón en 1968, escribió en su biografía que la gente decía que Louis Washansky, el paciente de aquella operación, fue muy valiente, pero que esa no era, en realidad, una decisión muy difícil para un moribundo. Para el doctor Barnard, si un león te está persiguiendo hasta la orilla de un río repleto de cocodrilos, saltarás, aferrada a la esperanza de cruzar hasta la otra orilla; aunque, claro, no lo harías si no hubiera un león. A mí me perseguían los leones.

Mi corazón, literalmente roto, con una fuga en la válvula mitral, requería una de repuesto. Las opciones eran una válvula mecánica, o una porcina. Sí, porcina, del corazón de un puerquito. La válvula mecánica hubiera requerido tomar anticoagulantes de por vida, tener que medir el nivel de coagulación de la sangre constantemente y correr el riesgo de sufrir hemorragias. La válvula porcina, en cambio, solo requería que me arriesgara a ser, en parte, chanchito.

Acepté, aunque no sin antes plantearme preguntas surgidas del horror y la maravilla, precisamente como las que inspiraban los monstruos de antaño.

Joan Corominas recuerda que la palabra *monstruo* deriva del latín *monstrum*, que significa 'prodigio' ('suceso extraño que excede los límites regulares de la naturaleza', 'cosa especial, rara en su línea'), que, a su vez, proviene de *monere* ('avisar' o 'amonestar'). Los monstruos eran aberraciones de la naturaleza que portaban advertencias de la divinidad, mostraban algo que de otra manera no se hubiera percibido.

¿Qué significaba ser humana con una parte no humana, ya sea mecánica, ya sea robada de otro animal? ¡Oh, portento! ¿Cómo habría hecho la Medicina para llegar a este punto en que, limpiamente, podrían insertarme un pedazo de cerdo y, así, reparar mi corazón? ¿Cuántos cerdos, cuántos otros seres habrían sido sacrificados para que esta válvula ajena pudiera animar mi corazón? ¿Cuántos chanchitos? Le pregunté a mi hija vegetariana si a ella no le perturbaba el procedimiento (después de todo, consultaba si habían hecho experimentos en animales para usos cosméticos). ¿Cuántas personas se habían ofrecido a ser parte de tratamientos experimentales para esta tecnología que ahora era capaz de salvarme?

También, cómo no, pensé en *La isla del doctor Moreau*, de H. G. Wells, y en esos desdichados seres hechos de pedazos de otros. Empezó, de esa manera, este tránsito vital en que prosigo, del Moreau inicial a mi destino de criatura de Frankenstein.

En su fascinante y aterrador *Transplantation Gothic*, Sara Wasson explica que, aunque existieran ya en la antigüedad leyendas acerca de quimeras, esos seres que combinaban partes de animales diversos, los monstruos modernos y contemporáneos provienen de un imaginario biomédico que busca, tanto en el discurso científico como en el artístico, responder a los avances tecnológicos que nos superan. En el siglo XIX, el *Frankenstein* de Mary Shelley no solo especula acerca de trasplantes cadavéricos, sino acerca del potencial de la electricidad. El doctor Frankenstein no solo quería ensamblar un ser humano hecho con las partes de otros. Quería insuflar vida en un ser orgánico muerto utilizando energía eléctrica, aquella fuerza que la ciencia de su tiempo empezaba a controlar. La ambición del doctor Frankenstein, crear un ser humano (sin necesidad de procrear), se distingue de la de los cabalistas que soñaban con un Golem. Crear un Golem hubiera significado imitar a la divinidad. La criatura de Frankenstein es producto de la ciencia. El aporte de Wasson consiste en ver la historia de los trasplantes como ese territorio en que la ciencia nos deslumbra y nos horroriza al mismo tiempo.

El imaginario de los trasplantes no solo los vincula a avances científicos, sino a su potencial extractivo y explotador. En la leyenda medieval, Cosme y Damián le dan la pierna de un hombre negro a su paciente blanco, en una apropiación "natural" en un contexto esclavista. Dos años después del trasplante realizado por Christiaan Barnard, José Donoso publica la novela *El obsceno pájaro de la noche* en la que el Mudito o Humberto Peñaloza, un *roto* cualquiera, está convencido de que Jerónimo Azcoitía complotaba con otros miembros de la oligarquía chilena para extraerle los órganos. Ese despojo de órganos se presenta como una alegoría de la apropiación capitalista del producto del trabajo de la clase obrera. El factor racial en dicha apropiación es significativo, ya que el Mudito desciende de mujeres indígenas violadas por el patrón. Medio siglo más tarde en los Estados Unidos, en un contexto neoliberal en el que muchos pretenden haber superado los conflictos raciales, Jordan Peele también utiliza el fantasma de la cosecha de órganos en su película *Get Out,* donde un grupo de gente blanca espera revitalizar sus ancianos cuerpos con los de afrodescendientes convertidos en zombies. El lado oscuro de la ciencia y la tecnología del siglo XXI aparece también en la obra de Kazuo Ishiguro, quien llega a imaginar una clase de seres "humanos" fabricados para el trasplante de sus órganos en *Never Let Me Go* y luego entra en la susceptibilidad IA, la Inteligencia Artificial, en *Klara and the Sun*. En estas dos novelas de Ishiguro, la tecnología produce clases de gente oprimida para el beneficio de grupos privilegiados.

Cuando a una se le inunda el corazón al punto de poder apenas bombear, se produce un cierto nivel de asfixia: la sangre no se oxigena lo suficiente, el cuerpo todo se entorpece. A una le ofrecen un salvavidas, un milagro; y, sin investigar más, una acepta. La maravilla opaca al horror, y una acepta. Existe un dicho en inglés que afirma que la visión en retrospectiva siempre es 20/20, absoluta y perfecta. No lo creo:

siempre quedan puntos ciegos, aun desde esa perspectiva futura. Pero, entonces, cuando se me inundaba el fallido corazón, las preguntas quedaban en preguntas y solo el paso del tiempo, ese encuadre retrospectivo, me ha permitido tratar de entender las implicaciones de todos esos fenómenos que son ahora parte de la historia de mi cuerpo, es decir, parte de esto que soy.

Daniela Carpi, en un libro sobre los monstruos y la monstruosidad, dice que los monstruos no amenazan únicamente a individuos dentro de la sociedad, sino al propio aparato cultural que construye la individualidad, y, por eso, los monstruos buscan a sus creadores demandando una explicación, una razón de ser. Estas páginas son producto de esa búsqueda, aunque esté convencida desde ya de que lo que encontraré serán más preguntas.

Que un corazón humano funcione con una válvula porcina es un portento, pero la ciencia quiere más. En enero de 2022, el doctor Bartley Griffith trasplantó un corazón de cerdo genéticamente modificado al pecho de David Bennett, quien estaba a punto de morir. La operación fue un éxito. Sin embargo, Bennett murió dos meses más tarde a causa de un virus porcino. Fue un error, una negligencia, pues el cerdo modificado debía estar exento de cualquier contaminante. La *MIT Techonology Review* afirma que Griffith consiguió la autorización para este experimento porque Bennett no calificaba para un trasplante de corazón (humano): su historial médico demostraba que era un mal paciente, que deliberadamente ignoraba los consejos de sus doctores.

Esta es la más reciente aventura en xenotrasplantes, la transferencia de órganos de una especie a otra; pero no será la última. El mismo artículo dice que la infección de Bennett no es necesariamente una mala noticia para el futuro de los xenotrasplantes, ya que tal vez el corazón porcino hubiera funcionado si realmente hubiera estado exento de virus. En cambio, para Bennett, definitivamente, la noticia no fue buena.

La curiosidad humana no tiene límites, para bien o para mal. Es, quizá, eso lo que el monstruo demuestra: la forma en que excedemos nuestros límites. Para Carpi, el monstruo encarna las fronteras que los seres humanos han rebasado: es un ser *liminar* que resulta de la transgresión. Dado su destino trágico de monstruo, Bennett duró apenas dos meses con su corazón de cerdo. Para la ciencia, dicen, fue un éxito, así como los 21 días que la recién nacida Baby Fae duró con un corazón de babuino en 1984. En su plataforma en línea, el hospital de la

Universidad de Loma Linda se enorgullece del triunfo que constituyó dicha operación.

En mi caso, la válvula porcina no falló. Hizo bien su trabajo de evitar las fugas del ventrículo izquierdo. Pero, para entonces, mi corazón ya no tenía arreglo: había sufrido, sin que yo lo supiera, múltiples cardiopatías que lo habían dejado dilatado y lleno de cicatrices. (Decir "sin que yo lo supiera" es problemático, porque esa palabrita —*yo*— es escurridiza como el azogue. ¿Quién soy yo? O, mejor dicho, ¿qué es *yo*? Ese corazón tiene que haber sabido que sufría. ¿Cómo es que no soy yo mi corazón? ¿Cómo puedo separar mi consciencia de los órganos que me constituyen?). La válvula del chanchito funcionaba, pero el corazón no podía bombear lo suficiente. Hasta ese momento, yo confiaba en salir del hospital latiendo y respirando por mí misma, sin más diferencia que una icónica cremallera en el pecho y unos cuantos centímetros cuadrados del hermano cerdo en mi corazón. Sin embargo, la historia se complicó y ahora me hablaban de la posibilidad de darme el corazón de otra persona o de hacerme funcionar con puras máquinas.

La perspectiva de monstruo feliz, solo en parte chanchito, había fallado. No fue fácil de aceptar. Salí del hospital con un chaleco desfibrilador, que debía llevar puesto día y noche y cuyas baterías recargaba, mientras tomaba una ducha cada mañana. Lo odiaba. Creía, incluso entonces, cuando tenía que ser consciente de que mi corazón podía funcionar únicamente gracias a la válvula ajena, en la autonomía de los cuerpos. Esperaba el día en que me pudiera librar del chaleco, extender los brazos y girar sobre mí misma como una niña jugando a ser flor. Pero mi corazón, qué tal imbécil, mi corazón...

Aferrada a no sé qué idea de mi humanidad, válvula de cerdito y todo, pensaba que mi corazón (¿mi corazón?, ¿cuán mío, mi corazón?) sanaría, se recuperaría, negándome a admitir el pronóstico de los médicos, que decía que mi corazón no daba para más. Ni máquinas, ni corazones ajenos. Todo aquello sonaba extraño, lejano, melodramático, como la telenovela de las cinco. Ese sueño de un cuerpo autónomo y mío, propio, me duró apenas unos cuantos meses.

En mayo del año 2016, me pensaba ya en vías de recuperación hasta que me desvanecí después de una clase de karate. Recuerdo la llegada de los paramédicos, un breve diálogo en la ambulancia. Imágenes confusas. Desperté, después de haber estado inconsciente por varios días, en el hospital Christ, en Oak Lawn, un suburbio al suroeste de Chicago, cuyo nombre no recordaba haber escuchado jamás. Varios de mis órganos vitales —el corazón, los pulmones y los riñones— habían sido severamente impactados por una arritmia fatal y ahora funcionaban gracias a diversas máquinas.

Durante esas semanas, escribí una serie de tuits bajo la etiqueta *#LifeAsACyborg*. Esto es, más o menos, lo que decían:

> *Te despiertas y es una máquina la que bombea tu corazón, pero tú te sigues sintiendo tú, solo que un poco menos. #LifeAsACyborg*

> *No puedes recordar el origen de tus cicatrices. #LifeAsACyborg*

Quienes te cuidan no pueden encontrar partes que le queden a tu cuerpo. #LifeAsACyborg

Tu cuerpo ha olvidado cómo funcionan los cuerpos, y no quiere cooperar con la máquina.
#LifeAsACyborg

Tienes que confiar en que tus humanos mantengan tus máquinas en buenas condiciones.
#LifeAsACyborg

Es la 1 de la madrugada y cuatro personas intentan, sin mucho éxito, reparar la máquina que hace funcionar tus órganos.
#LifeAsACyborg

Sueñas, literalmente, estar conectada solo a una máquina.
#LifeAsACyborg

Imaginas cuán ligero, cuán libre se sentiría tu cuerpo si pudieras desconectarlo de las máquinas.
#LifeAsACyborg

Has olvidado dónde termina tu cuerpo y dónde comienza la máquina. #LifeAsACyborg

A mediados de los años ochenta, Donna Haraway sacó a la luz su *Manifiesto Cíborg*, en el que propone abolir las viejas categorías binarias del feminismo identitario junto con las dicotomías *mente/cuerpo*, *animal/humano*, *organismo/ máquina*, *público/privado*, *naturaleza/cultura*, *hombres/mujeres*, *primitivo/civilizado*, etc. Haraway ve la interacción humana con la tecnología en su potencial de explotación: la forma en la que somos parte de sistemas de producción en el capitalismo tardío y en la máquina de guerra, pero ve en la imagen del Cíborg también la posibilidad de destruir los mitos de la unidad orgánica, del ser completo. Piensa que borrar los límites de lo humano-animal-máquina ofrece una forma de resistencia a las jerarquías unitarias sobre las que se sostiene la dominación. El rechazo a la matriz "natural" (frente a lo artificial) cuestiona la existencia misma de la categoría "mujer". Muchas de las cosas que propone pueden conducirnos a reflexiones importantes sobre el capitalismo y la biopolítica, la inteligencia artificial, los límites de las ideas acerca del género sexual y la humanidad y abrir el camino a un universo poshumano. No obstante, debo decir que una cosa es cuestionar nuestra humanidad desde la teoría y muy otra hacerlo desde la insuficiencia del cuerpo.

Cuando una despierta bocarriba, con los órganos vitales intervenidos por una serie de máquinas, se nos impone una pregunta: ¿y qué si en lugar de los riñones o el corazón hubiera fallado el cerebro: podría yo estar articulando estas preguntas?, ¿si hubiera sido el cerebro, todavía podría pensarme como "yo"?, ¿está el "yo" localizado en el cerebro?, ¿tiene sentido decir "yo"? Como preguntas filosóficas, son fascinantes. Aprenderé luego que nos pasa a muchas ese oscilar entre pensarnos yo y pensarnos cuerpo. Pero la sensación de ese yo exiliado es de terror para el cuerpo que está bocarriba, inmóvil.

En mi caso, decir "yo" era una necesidad imperiosa manifestada en esos tuits, en poner esas líneas por escrito, registrando la consciencia en el lenguaje.

Esa fue la primera vez que me pensé Cíborg, aunque no fuera la primera vez que mi cuerpo dependía de máquinas. Evidentemente, durante la operación de la válvula mitral, en que recibí el trasplante porcino, había estado conectada a una máquina cardiopulmonar encargada de dirigir hacia el cerebro la sangre oxigenada, reemplazando así a ese corazón, fuera de juego, mientras duraba el procedimiento. Luego anduve meses con un defibrilador, literalmente a cuestas. Pero, entonces, no había tenido esa clara consciencia de ser un *cíborg*. Las máquinas habían sido un apoyo temporal de unas cuantas horas o estaban en un chaleco que me podía sacar y poner. Ahora tenía que vivir con ellas. Ahora vivía únicamente gracias a ellas.

Me trataron de explicar a qué máquinas estaba conectada cuando desperté con el cuerpo tomado por ellas después de esa arritmia fatal. Fatal. ¿Cómo fatal si estoy viva? Fatal, porque no siempre estuve viva. No entendí.

Haraway tiene razón cuando dice que el cíborg es irónico. Lo que me sonaba en la cabeza esos días eran cosas como la canción "Cerebro electrónico", de Gilberto Gil, cantada por Marisa Monte: "O cérebro eletrônico faz tudo/Faz quase tudo/Faz quase tudo/Mas ele é mudo [...] Ele é quem manda/Mas ele não anda [...] Eu cá com meus botões/De carne e osso/Eu falo e ouço [...]". También, viejas y ridículas canciones de Miguel Ríos, como "Retrato robot" o "Amor por computadora".

Las preguntas sobre la consciencia y la subjetividad son indisolubles de lo que para Haraway es el mito del ser orgánico. Ella cuestiona el humanismo occidental que eleva la idea de una unidad original y del desarrollo de la persona como un proceso de individuación. Y la pandemia causada por el Covid-19 es una clara muestra de lo difícil que es la interconexión que nos une no solamente como seres humanos, sino en nuestra relación con la naturaleza, capaz de transmitir virus, y con la ciencia y la tecnología, que buscan curas y vacunas. Mis experiencias como cíborg fueron, también, iluminadoras en ese sentido, y, sin embargo, ¿soy capaz de desprenderme del "yo"? Sabemos que no existe lengua en la que se pueda conjugar el verbo sin un sujeto.

En mi caso, la enfermedad, simultáneamente, me descubrió la propia vulnerabilidad y la ajena, las formas en que dependemos de otra gente y el hecho de que nuestras vidas no son ni más ni menos que otras vidas, pero que vivimos en un sistema que facilita la supervivencia de aquellas que valora más. Somos parte de una compleja red vital. Intento, así, entrar en modo zen y asumir que no soy nada más que parte del universo. Pero el "yo" regresa...

Monstruos y cíborgs tienen en común el desafiar las categorías ontológicas, el romper con las ordenadas clasificaciones que intentan representar el universo. En su libro *Embodiment and Everyday Cyborgs: Technologies that alter subjectivities*, Gill Haddow ha intentado dar cuenta de lo que ocurre con la subjetividad de seres como yo, que andan con cuerpos intervenidos. Haddow va al corazón mismo (metáforas,

metáforas) de lo que nos perturba al referirse a un experimento filosófico llamado "El barco de Teseo". Ya en el primer siglo de nuestra era, Plutarco se había preguntado cuántas partes del barco de Teseo pueden ser reemplazadas antes de que deje de ser el barco de tal. Haddow encuentra un problema similar para nuestra concepción acerca de quiénes somos, de ese "yo" que nos creemos y que es, en realidad, tan escurridizo.

El famoso "Pienso, luego existo" cartesiano nos hace creer en la división de la esencia y la materia, el alma (o la mente) y el cuerpo. Haddow lo explica diciendo que la gente concibe a la persona humana como un ser que "tiene" un cuerpo, como se puede tener un carro, y puedes cambiarle de motor al mismo (o hasta cambiar de carro), pero eso no debería afectar quién eres. La fenomenología, sin embargo, dice otra cosa, y gente como Maurice Merleau-Ponty sostiene que la persona "es" su cuerpo. Somos aquello que experimentamos con nuestros sentidos, con nuestro cuerpo, en el tiempo y el espacio. Pero la ciencia médica, en particular al reparar cosas como un corazón que no funciona, suele tratarnos como carrocería. He escuchado a más de un cardiólogo decir que lo suyo es una cuestión de plomerías atascadas. Incluso he escuchado la tan peruana expresión: "Salió reencauchada".

Por suerte, Haddow no es la única que se da cuenta de que esas labores de plomería y mecánica tienen un impacto en quienes somos. Ella acuña un término muy pertinente, la "triada I": imagen, integridad, identidad. Esto es todavía más significativo en su lengua, el inglés, donde *I* significa 'yo'. Haddow explica cómo el "yo" está conformado por esos distintos aspectos: la imagen es cómo me veo a mí misma; la integridad asume que estoy entera, que soy una unidad completa; la identidad supone que soy "yo" y no otra.

¿Cómo puede una seguir siendo "yo" si le van reemplazando una tras otra las distintas partes del cuerpo? Es curioso, pero hemos adaptado ese engañoso binarismo cartesiano: todavía creemos que podemos prescindir de muchas partes del cuerpo y seguir siendo quienes somos, pero sentimos que no podríamos prescindir del cerebro: creemos que, de alguna manera, el "yo" reside en el cerebro. Esa misma concepción del "yo" era la que me aterrorizaba en esos momentos en que me preguntaba si podía perder mi cerebro, tal como había perdido mi corazón. Pero ¿cómo podemos seguir siendo "yo" sin nuestras manos, nuestra piel, nuestros ojos, nuestro corazón? ¿Cuántas partes podríamos perder sin perder el ser que nos define?

Salí del hospital con máquinas fuera del cuerpo y dentro de este: una bomba en cada ventrículo tenía un cable conectado a una unidad externa de control que debía conectarse, a su vez, a dos baterías, o a una batería y a un cable con un adaptador para el enchufe de transmisión de corriente eléctrica. Las dos fuentes de energía eran una precaución necesaria, ya que las bombas que impulsaban mis ventrículos no podían detenerse en ningún momento sin acabar con mi vida. Como las baterías duraban un tiempo limitado, para dormir, debía conectar un cable para cada control al enchufe que ingresaba en el tomacorriente de la pared y dejar el segundo en una batería. Si quería ir al baño en medio de la noche, debía desconectar la unidad derecha del cable enchufado al tomacorriente y conectarlo a una segunda batería. Luego tenía que repetir el procedimiento con la unidad izquierda.

No podía permitir que mi torso se mojara. Las advertencias indicaban que, si el agua se filtraba entre los adhesivos que mantenían los cables en su lugar, corría serios riesgos de infección. Debía, por supuesto, olvidarme del mar.

Me dijeron que, después de un tiempo, podría ducharme si me cubría con unos protectores especiales para todo el aparataje y hacía que alguien desinfectara totalmente la ducha, los caños y cualquier superficie que pudiera albergar moho de cualquier tipo. Los preparativos sonaban tan abrumadores que ni siquiera lo intenté. Me lavaba por partecitas. Necesitaba que mi marido me cambiara los vendajes y limpiara las entradas de los cables que atravesaban mi torso, en nuestra habitación, sin gata ni niñas, un territorio de autoencierro previamente esterilizado. Ya eso era un trabajo agotador. Al principio, solamente el cambio de vendajes nos tomaba más de una hora, pero, con la práctica, fuimos mejorando, aunque hacerlo no dejó de ser demandante e incómodo.

Caminaba por el mundo con todo el equipo en un chaleco que pesaba lo suficiente para abrumar mi debilitado cuerpo. Además, tenía que cargar con baterías de repuesto y con sus cargadores en un maletín aparte, también bastante pesado.

Los aparatos de asistencia ventricular producen un flujo constante en las bombas, lo que hace que el corazón funcione sin latidos, con el murmullo de lo que es: un motor eléctrico.

De Monstruos y Cíborgs

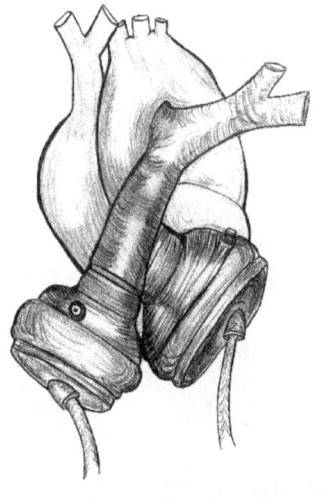

Recuerdo una novela de Laura Riesco: *El truco de los ojos*, en la que una niña, por primera vez, se corta un dedo y ve salir sangre de su piel. Riesco describe el horror infinito de la niña al ver violada la frontera física de lo que considera su cuerpo y descubrir así que no somos ese perfecto todo cubierto por el terso envoltorio de nuestra piel. Se rompe la división entre el adentro y el afuera, se revela nuestra vulnerabilidad, y también el hecho de que somos un montón de cosas que ignoramos. Ver dos huecos en mi torso del que salen dos cables e imaginarlos recorriendo mis entrañas hasta llegar a mi corazón para conectarse ahí a dos bombas insertas en mis ventrículos me producía un enorme malestar. Todavía hoy me produce un ligero vahído.

En la novela *Cielos de la Tierra*, de Carmen Boullosa, existe, entre otras realidades, un mundo distópico en que la gente va perdiendo el lenguaje junto con su humanidad. Uno de los pasajes más espeluznantes de la novela describe cuerpos deshumanizados que, al ser abiertos, revelan "un sinnúmero de cosas": "no de vísceras, sino de cosas, *cosas,* de diferentes colores y formas, cosas acomodadas en riguroso orden y economía de espacio adentro del cuerpo". Existe en los textos de estas escritoras un horror primigenio que comparto, criada como ellas en el mito de nuestra humanidad incorporada en una entidad orgánica, entera e inviolable.

Hoy ya no tengo los cables, sino solamente un marcapasos. Solamente. Cada vez que me paso la mano por el pecho, todavía me estremece sentir algo como una cajita dura entre mi piel y mis costillas. Junto a mi mesa de noche, un monitor transmite señales que le dejan saber a alguien, en alguna parte del mundo, si el marcapasos tiene problemas. Trato de no pensar en eso demasiado y asumir mi existencia de *cíborg light*. Haddow me recuerda, sin embargo, que algo fuera de mi cuerpo controla algo dentro de mi cuerpo. Parte de su estudio sobre las experiencias de personas cuyos cuerpos son asistidos por aparatos electrónicos, sugiere preguntas acerca de la vulnerabilidad de dichos aparatos a ataques cibernéticos. Si mi cuerpo funciona gracias a una computadora, ¿qué me pasaría si alguien infectara el sistema? Por suerte, soy demasiado insignificante para que alguien quiera hackear mi corazón.

Entre las cicatrices que adornan mi torso como el registro de una historia que no acabo de entender, quedan dos marcas circulares, una a cada lado, pequeños ombligos que me ligaban no a una madre, sino a esas líneas vitales electrónicas. Pienso en varias de las cosas que promete el cíborg utópico de Haraway, pero, entretanto, me reconforta el latido de un corazón en mi pecho. Me reconforta una ilusión de humanidad.

Al mismo tiempo, me sobrecoge el saberme monstruo. Un corazón ajeno vive en mí, y yo vivo solamente gracias a este órgano extraño. Soy un portento.

Cuando se hizo evidente que la válvula de cerdito no corregiría mi devastado corazón y me hablaron de la posibilidad de un trasplante o del VAD, el aparato aquel de asistencia ventricular, indagué un poco, sin aceptar la idea de que realmente iba a necesitar intervenciones tan radicales. Una amiga enfermera, especializada en

Cardiología, me presentó las ventajas y desventajas de ambas opciones. En el fondo, yo todavía creía en que me curaría a punta de ejercicios de rehabilitación y medicamentos.

Lesley A. Sharp, especialista en Antropología Médica y autora de *Strange harvest: Organ transplants, denatured bodies, and the transformed self*, estudia las actitudes del personal médico, pacientes y el público en general frente al trasplante de órganos humanos, a la posibilidad de órganos artificiales y al xenotrasplante —aquel que, como ya mencioné, utiliza órganos de animales no-humanos, aunque estos sean genéticamente modificados—. Los alotrasplantes, de un ser humano a otro, son comunes en nuestros días gracias a los avances en la inmunosupresión. Pero ninguna de las otras dos tecnologías —ni el xenotrasplante ni los órganos artificiales— están lo suficientemente avanzadas, aunque muchos laboratorios trabajan para que lo estén. La idea es subsanar la carencia de órganos disponibles para quienes necesitan trasplantes urgentemente.

Mientras que, según Sharp, los especialistas en Bioingeniería consideran la vía artificial como la más adecuada, los cirujanos torácicos insisten en que ninguna máquina tendrá el elegante funcionamiento de lo orgánico. En la imaginación del personal de salud, lo ideal es devolverle a la persona enferma la autonomía corporal y no depender de máquinas. Sharp entrevistó también a varias personas que habían recibido órganos ajenos, aunque sospecho que su muestra fue muy pequeña. Según ella, esas personas hubieran preferido un órgano artificial. Tal vez dichas personas no habían pasado por la experiencia de los aparatos de asistencia ventricular. Para mí, la máquina era un lastre difícil de tolerar, dentro del cuerpo y fuera de este. Cargar con los controles, las baterías y cables fuera del cuerpo era oneroso, como lo era preocuparse de estar siempre conectada a fuentes de energía o tener que dedicarse a la limpieza y mantenimiento de mi cuerpo y de sus accesorios electrónicos. Lo que pasaba dentro de mi cuerpo era aun más duro. El flujo continuo de las bombas en el corazón puede ser muy destructivo. No se trata de un pulso, sino de una corriente continua que con frecuencia disminuye la presión arterial y provoca una disfunción de las plaquetas, dificultando la coagulación, lo que suele tener como resultado hemorragias intestinales. Mi maltratada sangre se acumulaba y descomponía en mis vísceras, abandonando los circuitos sanguíneos de venas, arterias y capilares. En una ocasión, pálida, sin energía, tuve que ser hospitalizada y recibir sangre ajena, mientras mis intestinos violentamente expulsaban lo que había sido mi sangre en uno de los episodios más difíciles de mi vida.

El estudio de Sharp expone las ansiedades en torno a un cuerpo que falla y que deja, por lo tanto, de ser autónomo. La conciencia de necesitar de un órgano de otra persona o de una máquina pone en cuestión la forma misma en que nos concebimos como seres humanos. Hay quienes sueñan que podamos usar órganos de otros mamíferos, engañando a nuestro cuerpo para que acepte esos órganos como propios.

Pero todas esas opciones amenazan con violar aquello que vemos como las fronteras de nuestro cuerpo, nuestra integridad de persona. Todas las opciones suponen una forma de hibridación: un cuerpo humano con el órgano de otro, un cuerpo que es también máquina, o que es, en parte, otro animal.

Cada una de estas opciones genera dificultades propias: tanto familiares de donantes como pacientes tratan de aceptar la idea de que un órgano de alguien muerto sigue vivo en otro cuerpo, pero el concepto mismo nos desconcierta. Sharp señala que, muchas veces, las personas involucradas en estos procesos intentan establecer vínculos de sociabilidad, reconciliarse con la ominosa sensación de la muerte dentro de la vida, de una vida —quizás— a expensas de la otra.

La idea de recibir un órgano no humano produce distintas reacciones: desde el temor a la contaminación hasta la repulsión que causa la idea de criar animales genéticamente modificados para obtener sus órganos. Y la solución artificial se siente, para mucha gente, como contraria a los principios naturales. Incluso profesionales de la salud sugieren que esa opción convierte a sus pacientes en algo que no es del todo humano. Nos asustan monstruos y cíborgs, incluso cuando no entendemos bien por qué. Creemos irracionalmente en la sacralidad de la especie humana.

Años más tarde, los estudios de Haddow dieron resultados semejantes.

Como seres humanos hemos crecido con el mito de nuestra excepcionalidad, ya sea a partir de un dios que nos creó a su imagen y semejanza, o a partir de la idea de que tenemos ventajas evolutivas que nos permiten dominar a otros seres, al medioambiente, al universo mismo. Desafiamos límites hasta inventar monstruos que terminan por asustarnos, descendientes de Prometeo, aprendices de brujería, incapaces de resistir la tentación de convertirnos en creadores. Creemos que no solo nuestra vida, sino también nuestro confort, conveniencia, curiosidad y hasta entretenimiento pueden anteponerse a los intereses de otros seres vivos y del universo mismo. Nos creemos, extrañamente, con la capacidad y el derecho de controlarlo todo.

Debo decir que entiendo —y agradezco desde este lugar de sobreviviente— aquellos impulsos que han llevado al desarrollo de las artes médicas y de las tecnologías y la farmacología que las acompañan. A veces, también a mí me mueven esos impulsos, los de sanar a quienes sufren por un lado y los de buscar el saber por el saber, por el otro. Ayudar a la gente y la necesidad de entender el universo y sus posibilidades son dos cosas que nos inspiran. Cuando era niña, quería ser médica, como mi papá. Luego nos contó la historia de una clase de disección en la que el gato sobre el que operaban se despertó de la anestesia. En mi imaginación el gato salta de la mesa de disección con las tripas colgando de la incisión en su abdomen. La verdad es que no sé si esto sucedió así. No sé si sucedió en absoluto. La imagen en sí tiene para mí la fuerza de una verdad, porque la idea de causar dolor para aprender a curar me resulta, aún ahora, repulsiva.

Y, sin embargo, sé que esta vida que hoy vivo sería imposible sin la sangre derramada por siglos de experimentación.

Más de una década después de Sharp, Haddow todavía encuentra reacciones de rechazo al xenotrasplante. Pesa muchísimo el miedo a la contaminación. Una solución favorita que ni siquiera era considerada en el estudio de Sharp es, sin embargo, todavía inviable: crear órganos en impresoras 3D a partir de células propias. Queremos mantener la identidad, el *yo* sin células ajenas: resistirnos a órganos foráneos, sean de gente o de no-humanos. Y no nos gusta la idea de que sea una máquina la que nos controle.

La mera idea de estar en una lista de trasplantes me producía desazón. Existía alguien saludable, vital, cuya muerte yo tendría que esperar para poder seguir viviendo. Y, sin embargo, cuando recibí los aparatos de asistencia ventricular, no quería otra cosa que recibir un corazón humano. Me repitieron muchas veces que la gente moría y que otorgaban sus órganos como un regalo. En esas sesiones informativas, no discutían, claro, la complicada economía del regalo entre los seres humanos. O sí. Alguna de las consultoras me dio un pequeño sermón sobre la responsabilidad que implicaba recibir un órgano ajeno. Para calificar a la lista de trasplantes, básicamente, hay que saber "portarse bien". Una incipiente indignación me recorrió al entender que, según este sistema, yo merecería un corazón y otras personas no. Y, sin embargo, me perseguían los leones.

Una serie de preguntas incómodas: ¿cómo es posible que tanta gente muera por falta de acceso a los servicios de salud más elementales, y, en cambio, unas cuantas nos salvemos gracias a intervenciones sofisticadísimas que acaban sumando millones de dólares?, ¿cuánto se debe "invertir" en salvar una vida si con esa cantidad de recursos se podría salvar a miles?, ¿quién merece recibir el órgano de otra persona?, ¿cómo y por qué murieron les donantes?, ¿tienen todos los nosocomios los mismos criterios para la muerte cerebral?, ¿qué les ocurre emocionalmente a quienes donan los órganos de un ser querido?, ¿qué les ocurre emocionalmente a quienes viven con órganos ajenos?, ¿qué nos ocurre físicamente a quienes tenemos que engañar al cuerpo para que acepte como propio algo que nos es extraño?, ¿en qué tipo de contrato nos sitúa la idea del "regalo de vida"? Pregunto, nomás.

El cirujano de trasplantes Joshua D. Mezrich cuenta, en su libro *When death becomes life*, lo que ocurre cuando conecta un riñón donado —es decir, un órgano ya separado del cuerpo del que formaba parte y, por lo tanto, "muerto"— en el cuerpo que lo necesitaba. Describe casi con amor cómo, al soltar las pinzas para permitir el flujo de sangre desde la arteria a la que está conectado, el riñón cambia de color, vuelve a ser rosa, y, en un minuto, empieza a producir orina. "¡Qué escena más hermosa!", nos dice. Mezrich escribe sobre el milagro de tomar el órgano de alguien que ha muerto, conectarlo al de una persona prácticamente agonizante y ver que aquel órgano empieza a funcionar: el hígado produce bilis; los riñones, orina; el corazón late, los pulmones respiran. Aquella persona, practicamente desahuciada, recupera su vitalidad. Pero Mezrich cuenta, también, la larga trayectoria de experimentos que precede a ese momento.

La idea de fundir dos o más cuerpos es muy antigua: existen imágenes de unicornios miles de años antes de la era común. Ganesha, el dios hindú de las letras y el saber, aquel que elimina los obstáculos, tiene una cabeza de elefante. Muchas culturas sueñan con sirenas. La antigüedad griega nos dio centauros y a la Hidra, el Minotauro, la Quimera, la Esfinge y a la pérfida Medusa, de cuya sangre nacería el bello Pegaso. Los aztecas crearon a Quetzalcóatl, la magnífica serpiente emplumada, y, en el Perú, la Qarqancha es una llama de dos cabezas o una llama con rostro humano, el Chuyachaqui tiene patas de cabra, el Ukuku es parte oso, el Yakuruna es ser humano anfibio de la Amazonía mientras que el Runa Puma es un hombre-jaguar. Nuestra imaginación crea seres a partir del mundo conocido, transformándolo en algo simultáneamente mágico y siniestro. En la yuxtaposición de elementos de seres distintos, los monstruos rompen con el principio de identidad y desafían el orden de las cosas.

Quimera, la monstrua mitológica aniquilada por Belerofonte, según Homero y

Hesíodo, combinaba cabeza de león, cuerpo de cabra y cola de serpiente. Pero el término *quimerismo* se usa para describir a un ser que combina dos tipos distintos de ADN. Esto puede ocurrir, a veces, de forma natural, cuando dos cigotos se funden en uno solo, que luego se desarrolla como un individuo. Pero hay otras quimeras: las creadas artificialmente por seres humanos. Un personaje siniestro en una serie de televisión reciente cuenta que su madre le decía que el infierno era fruto de la imaginación humana, pero que por desgracia los seres humanos suelen ser capaces de crear aquello que imaginan. Hoy existen, por ejemplo, cabras-araña: cabras que, gracias al material genético arácnido, son capaces de producir leche, a partir de la cual se obtiene algo parecido a la tela de araña, utilizada en muchas industrias. Dicen que es más elástica que el nailon y más fuerte que el material de los chalecos antibalas. Son lindas las cabras-araña.

La palabra griega τέρας (*téras*) significa "monstruo", y, como, en el caso del término latino, se refiere a una ominosa advertencia de la divinidad. Hoy aparece como prefijo, en *teratología*, el término que describe el estudio de lo que se consideran anormalidades o malformaciones en embriología o en patología. Claro, la medicina no usa la palabra en las lenguas vernáculas, pero observa a esas criaturitas distintas, que muchas veces ni llegan a

nacer, como pequeños monstruitos.

Y yo... ¿cómo es que camino por el mundo con un corazón ajeno? ¿Qué clase de monstruo soy? ¿Seré acaso una advertencia? ¿Será que muestro algo hasta ahora invisible?

Desde un punto de vista estrictamente biológico, ¿cómo es que mi cuerpo no se ha rebelado en contra de este órgano extraño? ¿Qué camino tendría que transitar el monstruo que soy para encontrar a mi creador?

Al parecer los seres humanos hemos estado experimentando con los órganos y los tejidos orgánicos por milenios. El doctor David Hamilton escribe, en su *History of organ transplantation: Ancient legends to modern practice*, que el *Sushruta Samhita*, escrito en sánscrito en el siglo VI antes de la era común, da instrucciones detalladas de cómo reparar la pérdida de partes de la nariz y las orejas con dobleces de la piel. Estos procedimientos reaparecen en el Renacimiento con los *De curtorum chirurgia per insitionem*, de Gaspare Tagliacozzi, a fines del siglo XVI. Tagliacozzi, como los antiguos hindúes, utilizaba la propia piel de sus pacientes, pero pronto surgieron rumores de implantes de otras personas. Leyendas sobre narices extraídas de esclavos o sirvientes no tardaron en circular. Las circunstancias en las que los beneficios para algunas personas pueden darse a costa de otras parecen ser parte de nuestro imaginario desde siempre. Pero la ciencia estaba muy lejos de conseguir que un organismo animal no rechazara el material genético de otro, a pesar de aquella leyenda del milagro de Cosme y Damián. Viendo pinturas que representan al hombre blanco con la pierna negra me pregunto si además de hacer "aceptable" el cortarle una pierna a alguien para beneficiar a un "señor", el que la extremidad provenga de un esclavo negro hace más explícita la otredad de la pierna y, por lo tanto, más milagroso el milagro. Dudo que se haya tratado del reconocimiento de que la raza es un invento y de que la humanidad no depende de colores.

En el siglo XVII, la Royal Society of London empezó a experimentar injertando piel de un perro en otro, pero pronto hubo protestas por el uso de la vivisección. Los intentos de componer los cuerpos, sin embargo, proseguirían. En el siglo XVIII, la curiosidad acerca de la vitalidad de los tejidos y su capacidad de regenerarse y de adherirse a otros se vio reanimada con el descubrimiento de que los pólipos

Coelenterata hydra eran capaces de regenerarse, y pronto un naturalista belga, Abraham Trembley, consiguió unir mitades de dos hidras distintas en un solo animal. Pero ese fue solo el principio. La *Historia*, que recoge David Hamilton, documenta eventos salidos de un sueño o de una pesadilla. Tal es la historia de cada uno de los avances médicos que permiten el éxito de los trasplantes contemporáneos, desde el desarrollo de la cirugía vascular hasta el delicado arte de la inmunosupresión. Es posible que mi supervivencia se deba a que alguien cortó dos pólipos para hacer uno nuevo.

Es un poco extraño pensar en la palabra misma: *trasplante* como si de plantas se tratara. Hay un deslizamiento de la horticultura a la cirugía que no funciona del todo. Puedo trasplantar mi matita de albahaca, por ejemplo, sacarla de ese espacio sombreado y buscarle una esquina de sol. O puedo pasar las plantitas de un semillero a macetas que les den el espacio necesario para crecer. Pero, en esos casos, imagino a la planta entera extraída de su espacio original con la esperanza de que prospere en el nuevo espacio.

Sería, quién sabe, más exacto pensar en la otra palabra, tomada también de la horticultura: un *injerto*. En ese caso, se toma parte del tejido de una planta para que se fusione a otra ya establecida. Se trata de una manera de reproducir la planta injertada a través de propagación vegetativa, es decir, no sexual. Aunque surge de esta combinación un nuevo organismo, se espera que el injerto prenda, se desarrolle, florezca e incluso que dé frutos.

¿Cómo entender ese lenguaje metafórico para ese corazón que llevo dentro? Si el corazón es la planta, ¿es el resto de mi cuerpo el terreno? Y, si el corazón es el injerto, ¿es para su bienestar que existe mi cuerpo?

Sin embargo, entendemos la transferencia de órganos al revés, es decir, el órgano donado está al servicio del cuerpo en el que se injerta. Esa persona, la beneficiaria, recibe "el regalo de vida" de parte de la persona donante. En términos simples, diríamos que, por ejemplo, en la donación en vida de un riñón, la donante pierde un órgano y la beneficiaria lo gana. En el caso de un corazón, asumimos que éste se extrae de un cadáver, de una persona que ya no vive, para que el cuerpo de otra funcione apropiadamente. En ninguno de los casos, se piensa en que la operación se hace para que el órgano donado prospere, como si ese fuera un fin en sí mismo, como ocurre con el trasplante de la albahaca o en un injerto de manzanas, casos en los que queremos que la matita de albahaca reciba más sol y se haga más grande y fuerte o que un nuevo árbol de manzanas crezca del tronco de otra variedad. Este corazón que llevo en el pecho fue transferido de otro cuerpo al mío en un extraño viaje. Dependo de él como depende él del resto de mi cuerpo. ¿Está acaso plantado, injertado?

Habría que inventar términos nuevos. Habría que inventar otras formas de pensar el ser.

De Monstruos y Cíborgs

La inmunosupresión es, además, su propio animal. Es un hecho que, sin un equilibrio adecuado en la inmunosupresión a través de drogas como la ciclosporina, la historia de los trasplantes orgánicos no habría prosperado.

En el equilibrio de los cuerpos, podemos convivir con millones de microbios, pero igual hay límites en lo que se admite y lo que se rechaza como demasiado ajeno. ¡Ah, los médicos y sus metáforas! Uno de ellos me lo describió diciendo que el corazón trasplantado era el nuevo chico del barrio y que el resto de mis órganos debían aprender a jugar con él [sic]. El desarrollo de la farmacéutica ha conseguido inmunosupresores suficientemente eficientes para hacer que el cuerpo acepte al órgano injertado sin debilitarlo tanto como para que muera en el intento. Y, sin embargo, la inmunosupresión nos hace vulnerables en extremo: cualquier bacteria, cualquier virus, cualquier cáncer puede gozar de lo lindo, hacer de las suyas, circular por los cuerpos con carta blanca y sin necesidad de pasaporte. (Desde esta perspectiva me vuelvo a preguntar: ¿quién soy?, ¿yo y mi circunstancia?, ¿yo y estos microbios?, ¿yo y el carcinoma?).

Una se acostumbra a vivir en peligro, a calcular los riesgos. Se me hace difícil, en cambio, decir que es mío este corazón.

Supongo que sufro de lo que han llamado el síndrome de Frankenstein —confundiendo al monstruo con su creador en la novela de Mary Shelley y dándole a la criatura el nombre del doctor que le dio la vida—, porque pienso a menudo en este corazón y en su proveniencia y porque me pregunto con frecuencia cómo es que existo. No soy la única que se debate tratando de entender cómo se nos transforma el ser con una parte ajena. Jean-Luc Nancy escribió su hermoso ensayo "El intruso" develando hasta qué punto el trasplante le descubre el enajenamiento en el propio cuerpo. Eric Trump (no el hijo del infame, sino otro, pobre, con ese nombre), beneficiario de un trasplante de riñón, escribió un ensayo titulado: "Wrestling with the Monster: Frankenstein and organ transplantation" en el que dice que hemos normalizado el trasplante de órganos, que es, en el fondo, una monstruosidad, en nuestra búsqueda de eludir la muerte. A este Trump lo invade la sensación de alienación al contemplarse en el espejo con una cicatriz de medialuna que delata el lugar donde el órgano ajeno se abulta. Su breve artículo menciona el sueño de una era en que los trasplantes de órganos sean reemplazados por la regeneración de órganos propios. Y, sin embargo, trata de reconciliar el pesar de la monstruosa alienación con la maravilla de sobrevivir con el riñón ajeno.

Nos incomoda el ser seres híbridos, este ser y no ser, ser una con una parte de otra, estar viva con parte de alguien que ha muerto, ser una con sangre en las venas, pero que también se enchufa a una fuente de electricidad, ser una humana y no.

Desde este lugar que hoy ocupo, desde este yo híbrido que lleva en sí un corazón ajeno y un aparatito que lo controla, trato de vivir más abierta a reconocer el caos de nuestra existencia. Un maravilloso libro, titulado *Arts of Living on a Damaged Planet*, habla de la maravilla y el terror de habitar el embrollo simbiótico que es el Antropoceno. Sus autores proponen que nuestra supervivencia depende de que aprendamos a vivir y a morir en ese enredo que es, a ratos, una amenaza y, a ratos, fuente de vida. Hay que dejar de pensarnos como seres individuales, con cuerpos, genomas e intereses diversos y reconocer que todos los organismos dependemos de distintas formas de simbiosis, como lo demuestra el hecho de que ciertas criaturas prosperan a desmedro de otras en medio de la contaminación y el cambio climático. Es importante pensar el ser en común que incluye la interacción de bacterias, insectos, mamíferos y seres de toda clase.

La Ilustración europea se especializó en erradicar monstruos. Cualquier cosa que desestabilizara categorías era horrenda, pero ahora empezamos a ver las distintas posibilidades de la existencia. Esa línea de

pensamiento abre un camino para mi

existencia de monstruo.

Arts of Living in a Damaged Planet deriva muchas de sus ideas (y uno de los capítulos) de *Seguir con el problema: generar parentesco en el Chthuluceno*, de Donna Haraway (2019). Como en su *Manifiesto Cíborg*, existe un cierto optimismo en este nuevo trabajo, en el que Haraway crea ese término a partir de las raíces griegas *khthôn* y *kainos*. Se trata del tiempo en que vivimos, esta era de tierra dañada en la que tenemos que recuperar formas de existir con respons-habilidad: "el Chthuluceno está hecho a partir de historias y prácticas multiespecies en curso de devenir-con, en tiempos que permanecen en riesgo, tiempos precarios en los que el mundo no está terminado y el cielo no ha caído todavía [...]" (p. 95). La pensadora sugiere un tipo de "colaboración no arrogante con todos los que están en el embrollo" (p. 97).

Quiero creer en esa colaboración no arrogante. Este ser híbrido que soy, cíborg y monstruo cotidiano, se aferra a esa elegante esperanza.

De Monstruos y Cíborgs

Soy la que soy: el resultado de milenios de historias y de seres que se entrecruzan, hija de millones de simbiosis que desconozco, como la mayoría de los seres humanos, pero, además, beneficiaria de tecnologías que se han nutrido de siglos de ingenio y de diversas formas de explotación.

Una mínima maquinita bajo la piel de mi pecho se conecta por cables, como tentáculos aún más mínimos a un corazón que nació y creció en otro cuerpo. Ambas maravillas, la tecnología médica que permite el marcapasos y el trasplante, son el resultado de siglos de curiosidad y experimentos, de sueños y pesadillas, de cuidados y abuso, de creatividad y ambición, pero también de amor y compasión.

Soy un monstruo y un cíborg, soy una humana con otras partes, abierta a virus y a infecciones; soy una persona que no sabe qué quiere decir "yo". De nada serviría negarlo. Recordarlo es también ser un montón de preguntas sin respuestas.

Referencias

Barnard, Christiaan, y Curtis Bill Pepper. (1970). *Christiaan Barnard: One life*. Macmillan.

Boullosa, Carmen. (1997). *Cielos de la Tierra*. Aguilar, Altea, Taurus, Alfaguara.

Carpi, Daniela (ed.), (2019). Introduction: What is a monster? *Monsters and monstrosity: From the canon to the anti-canon: Literary and juridical subversions* (pp. 1-16). De Gruyter. https://doi.org/10.1515/9783110654615-001

Corominas, Joao. (1987) *Breve diccionario etimológico de la lengua castellana. Tercera edición*. Gredos.

Donoso, José. (1970). *El obsceno pájaro de la noche*. Seix Barral.

Haddow, Gill. (2021) *Embodiment and everyday Cyborgs: Technologies that alter subjectivities*. Manchester University Press.

Haraway, Donna. (1991). *Simians, Cyborgs, and women: The reinvention of nature*. Routledge.

Haraway, Donna. (2019). *Seguir con el problema: generar parentesco en el Chthuluceno*. Trad. por Helen Torres. Consoni.

Ishiguro, Kazuo. (2005). *Never Let Me Go*. Vintage.

Ishiguro, Kazuo. (2021). *Klara and the Sun*. Faber and

Faber.

Merleau-Ponty, Maurice. (1974) *Phenomenology of Perception.* Routledge & K.Paul, Humanities Press.

Mezrich, Joshua D. (2019). *When death becomes life: Notes from a transplant surgeon.* Harper Collins Publishers.

Peele, Jordan. (2017) *Get Out.* (Film) Universal Pictures.

Regalado, A. (2022, 4 de mayo). The gene-edited pig heart given to a dying patient was infected with a pig virus. *MIT Technology Review.* https://www.technologyreview.com/2022/05/04/1051725/xenotransplant-patient-died-received-heart-infected-with-pig-virus/

Riesco, Laura. (1978). *El truco de los ojos.* Milla Batres.

Sharp, Lesley A. (2006). *Strange harvest: Organ transplants, denatured bodies, and the transformed self.* University of California Press.

Shelley, Mary. (1998). *Frankenstein, or the modern Prometheus: The 1818 text.* Oxford University Press.

Trump, Eric. (2018). Wrestling with the Monster: Frankenstein and organ transplantation. *The Hastings Center Report*, *48*(6), 15-17. doi:10.1002/hast.931

Tsing, Anna L., Heather, A. Swanson, Elaine Gan, y Bubandt, N. (2017). *Arts of living on a damaged planet.* University of Minnesota Press.

Wasson, Sara. (2020). *Transplantation gothic: Tissue transfer in literature, film and medicine.* Manchester University Press.

Wells, H. G. (2005) *The Island of Doctor Moreau.* Penguin.

ACERCA DE LA AUTORA

Margarita Saona estudió lingüística y literatura en la PUCP y obtuvo el doctorado en literatura latinoamericana en la Universidad de Columbia en Nueva York. Vive en Chicago desde hace más de dos décadas y enseña literatura y estudios culturales en la Universidad de Illinois. Entre sus intereses están la memoria, la fenomenología, el cuerpo y la escritura. Es la autora de *Novelas familiares: figuraciones de la nación en la literatura latinoamericana* (Rosario, 2004), *Memory matters in transitional Peru (*Londres, 2014)*, y Despadre: Masculinidades, travestismos y ficciones de la ley en la literatura peruana* (Lima, 2021). Ha publicado tres libros de ficción breve*: Comehoras* (Lima, 2008*), Objeto perdido* (Lima, 2012) y *La ciudad en que no estás* (Lima, 2020) y el poemario *Corazón de hojalata/Tin heart* (Chicago, 2017), con una edición de Intermezzo Tropical en 2018. Sus cuentos han sido traducidos al inglés y publicados por Laberinto Press con el título *The Ghost of You* (Edmonton, 2023). La primera edición de *De Monstruos y Cíborgs* fue publicada en Lima por la editorial Intermezzo Tropical en 2023.

ABOUT THE AUTHOR

Margarita Saona studied linguistics and literature at Pontificia Universidad Católica del Peru and obtained a Ph.D. in Latin American Literature from Columbia University in New York. She lives in Chicago and teaches cultural and literary studies at the University of Illinois, Chicago. She is interested in memory, phenomenology, and embodiment. She is the author of *Novelas familiares: figuraciones de la nación en la literatura latinoamericana* (Rosario, 2004), *Memory matters in transitional Peru* (Londres, 2014), and *Despadre: Masculinidades, travestismos y ficciones de la ley en la literatura peruana* (Lima, 2021). She also has three books of short fiction *Comehoras* (Lima, 2008), *Objeto perdido* (Lima, 2012) *and La ciudad en que no estás* (Lima, 2020), the latest one published in English under the title *The Ghost of You (*Edmonton, 2023) by Laberinto Press. The first edition of *De Monstruos y Cíborgs* was published in Lima, Peru, by Intermezzo Tropical in 2023.

De Monstruos y Cíborgs

EDITORIAL

Pandora Lobo Estepario Productions

https://www.loboestepario.com/press

Chicago/Oaxaca

www.ingramcontent.com/pod-product-compliance
Lightning Source LLC
Chambersburg PA
CBHW051655040426
42446CB00009B/1152